INVENTAIRE
V.17,228.

OPPORTUNITÉ ET AVANTAGES DE CRÉER

A AJACCIO

UN

ARSENAL

MARITIME-INDUSTRIEL

PAR

M. F. L. ROUX,

OFFICIER DE MARINE.

Le trident de Neptune est le sceptre du monde.

AJACCIO.

IMPRIMERIE DE GABRIEL MARCHI.

1856.

V

DÉPÔT LÉGAL.
Corse.
N. 44
1856

OPPORTUNITÉ ET AVANTAGES DE CRÉER

A AJACCIO

UN

ARSENAL

MARITIME-INDUSTRIEL

PAR

M. F. L. ROUX,

OFFICIER DE MARINE,

BIBLIOTHÈQUE IMPÉRIALE

Le trident de Neptune est le sceptre du monde.

AJACCIO,
IMPRIMERIE DE G. MARCHI.
—
1856.

C.

Depuis quelques années, nos financiers comprennent que toutes les fois que des capitaux convenables et des hommes intelligents alimentent et dirigent les opérations commerciales maritimes, les résultats financiers que l'on en obtient sont de beaucoup supérieurs à ceux fournis par les autres branches de l'industrie. Et qu'on ne craigne pas que cela change; la source est là toujours ouverte, intarissable. L'homme se lassera plutôt d'y puiser qu'elle même ne se lassera de fournir. Qu'on songe à tant de régions inexplorées, à tant de peuples inconnus encore, aux progrès toujours croissants de l'industrie et de la science, et l'on ne s'étonnera plus de nos paroles.

Le but que le gouvernement de Napoléon III poursuit d'une volonté si ferme et si éclairée, n'est-ce pas, en même temps que de satisfaire les besoins moraux et religieux du pays, d'assurer à tous le nécessaire et d'élever aussi haut qu'il se peut la moyenne du bien-être et du luxe même? Or ce but monte toujours; nulle borne donc ne saurait être assignée au commerce, auxiliaire indispensable pour l'atteindre. Oui! le commerce français, déjà si étendu, doit s'étendre bien davantage; il faut qu'il tienne à honneur de suivre la voie ascendante du commerce des autres parties du monde. La carrière encore une fois est immense, peu explorée; et nul ne saurait dire où s'arrêtera le nombre des compagnies auxquelles il peut être donné un jour de s'y mouvoir et d'y grandir à l'aise. Avons-nous besoin d'ajouter que l'influence du développement commercial maritime dont nous parlons se ferait sentir au pays lui-même? Loin de faire concurrence au pavillon national, ces compagnies lui créeront de nouveaux débouchés et éloigneront de nos ports les bâtiments des puissances rivales, elles aideront, enfin, au développement de nos échanges en permettant au gouvernement français de remplacer successivement par des lois libérales, les lois prohibitives qui régissent notre commerce.

L'effectif de la marine marchande de la France comprenait, à la fin de 1850, 14,354 navires à voiles et à vapeur, jaugeant 784,000 tonneaux. En 1827 il était de 14,322 navires et de 692,000 tonneaux. En 1835, de 15,506 navires et de 68,000 tonneaux.

Mais si notre effectif a réellement augmenté il faut reconnaître que cet accroissement n'est point considérable, surtout quand on se reporte aux progrès accomplis dans d'autres pays, notamment en Angleterre. En 1827, l'effectif de la marine anglaise (Royaume-Uni et Colonies) comptait :

	23,199 navires et	2,460,000 tonneaux.
En 1835,	25,511	2,783,000
En 1849,	34,090	4,144,000

L'effectif des États-Unis est également beaucoup plus considérable que celui de la France ; il s'élevait en 1848 à 3,154,000 tonneaux.

Aux Pays-Bas il était de	449,000 tonneaux.
En Prusse	260,000
En Autriche	272,000

En résumé, voici l'ordre dans lequel sont classés les divers pays, quant à la force de l'effectif :

Angleterre	Autriche
États-Unis	Brême
France	Danemarck
Pays-Bas	Hambourg
Prusse	Grèce.

Si l'on compare les accroissements de ces marines depuis dix ans on obtient l'ordre suivant :

Brême	Pays-Bas
Angleterre	Danemarck
Autriche	Hambourg
Grèce	Prusse
États-Unis	France

Ainsi, la France ne figure qu'au troisième rang pour la force de l'effectif, et, depuis dix ans, la marine des principaux pays s'est accrue plus que la sienne ; cependant, la France fait un très-grand échange de marchandises et possède ;

Sur l'Océan et ses dépendances   286 ports
Méditerranée française.......   55
Algérie..................   13
Total....   354

La navigation mixte ou à vapeur étant appelée, avant peu de temps, à remplacer la navigation purement à voiles, qui n'a plus sa raison d'être pour la majeure partie des opérations commerciales maritimes, et le matériel naviguant de nos vapeurs ne pouvant répondre à tous les besoins de ce commerce, il est évident que toute entreprise qui aura pour but la création de nouveaux chantiers de construction dans des conditions favorables, et en rapport avec les besoins, les progrès du jour, ne pourra donner que d'excellents résultats.

Dans l'état actuel, nos chantiers sont insuffisants, incapables de satisfaire aux nombreuses commandes qui leur sont faites par les armateurs et les diverses compagnies maritimes, en tant qu'il s'agit de bâtiments mixtes ou à vapeur, c'est ce qui a conduit le gouvernement français à autoriser pendant trois ans, par le décret du 17 octobre dernier, la francisation des navires construits à l'étranger moyennant un droit à l'entrée de 10 p. o/o. Comme palliatif, ce même décret admet en franchise dans nos ports toutes les matières premières propres aux constructions navales.

La législation qui régit les autres puissances maritimes, est plus libérale ; elle admet sans droit aucun la naturalisation, si nous pouvons ainsi nous exprimer, des navires construits à l'étranger. De ce qui précède il résulte que le navire cesse d'être un immeuble, internationalement parlant, et doit être rangé dans la catégorie des valeurs mobilières. Cette remarque n'a point échappé aux compagnies et aux capitalistes anglais. Depuis que le décret du 17 octobre a paru, six grands navires mixtes de la compagnie Cunard ont été francisés, et beaucoup d'anglais font partie des conseils d'administration de quelques unes de nos compagnies maritimes. Il y a là un grand danger pour l'avenir, et ce danger existera tant que nous n'arriverons pas à créer une marine marchande vraiment nationale. Supposons, en effet, qu'une guerre éclate ou que les bonnes relations d'amitié viennent à cesser entre la France et l'Angleterre, tout est possible dans ce monde, et aussitôt notre marine marchande se trouverait considérablement réduite, au moment peut-être où le besoin s'en ferait le plus sentir. C'est assez dire que l'on ne saurait établir de comparaison entre les ca-pitaux anglais placés sur nos chemis de fer, et ceux que l'on place actuelle-ment sur nos navires : les premiers. représentent des valeurs immobilières et, quoi qu'il arrive, ils nous sont acquis à tout jamais, tandis qne les seconds re-présentant, au contraire, des valeurs mobilières peuvent, aux premiers bruits de guerre, nous être repris à tout instant.

Les fers que l'on emploie généralement, à l'exclusion des bois, dans les nou-velles constructions navales nous viennent d'Angleterre, et il est évident que nos chantiers lutteront difficilement avec les chantiers anglais qui construisent mieux jusqu'ici, et qui ont été judicieusement établis au centre de contrées éminemment minéralogiques, de sorte que malgré le droit de 10 p. $_0/^0$ à l'entrée, il sera encore avantageux pour nos armateurs et nos compagnies de faire cons-truire en Angleterre. Est-ce à dire que la France doive se condamner à main-tenir éternellement son système prohibitif ou de droits différentiels ? Tel n'est point notre avis. Nous pensons seulement qu'il est d'une bonne politique, de la part du gouvernement français, de marcher prudemment, lentement dans la voie du libre échange. Que si c'est là, d'ailleurs, le but que doive chercher à atteindre tout gouvernement populaire, jaloux de la grandeur et de la prospé-rité nationale, il est juste de reconnaître que les réformes doivent commencer par les industries qui prospèrent le plus, et qui sont implantées depuis long-temps dans le pays ; or, l'industrie des grandes constructions maritimes, en est à ses débuts en France, et mérite par conséquent d'être ménagée par nos légis-tes, nos économistes, nos réformateurs. L'Angleterre elle-même, n'est parvenue à ce haut dégré de puissance maritime que grâce à la protection de lois autre-ment prohibitives que les nôtres, et qui, promulguées sous Cromwell, n'ont été abrogées qu'à l'époque toute récente de la grande réforme de Sir Robert-Peel. D'autre part, on ne saurait nier, ce que du reste la dernière guerre a parfai-tement prouvé, que la création sur notre sol de grands chantiers de construc-tion et d'usines pour les machines à vapeur, est d'une haute importance gouver-nementale, et à ce titre nous sommes convaincu que la première partie du dé-cret du 17 octobre sera rapportée au terme qui lui est assigné, sauf à y revenir plus tard d'une manière encore plus libérale. Mais en attendant recueillons nos forces et préparons-nous à soutenir dignement la lutte qui doit, dans un avenir prochain, s'ouvrir sur les mers.

En ce moment, l'on travaille à agrandir deux chantiers de construction : ce-lui de la *Seyne* près de Toulon appartenant à la compagnie des Messageries Impériales, et celui de *Cette* qu'une compagnie, nouvellement formée au capi-tal nominal de fr. 10,000,000, a acheté à l'ancienne compagnie REYNAUD.

Certes, ce n'est point en critiquant ces chantiers que nous ferons mieux valoir celui que nous nous proposons de créer; nous nous contenterons seulement de poser cette simple question : quelles sont les matières propres aux constructions mariti-mes, que ces deux chantiers pourront se procurer dans un rayon de trente lieues? Nous n'hésitons pas à répondre : aucunes ; tout donc devra y être importé.

Nous croyons pour notre part, et nous espérons le prouver bientôt, que l'on peut trouver sur le sol français un endroit plus convenable, plus heureusement situé pour ces sortes de constructions, surtout si l'on applique cette loi admira-ble qui fait qu'en association un et un font trois.

Choix d'un endroit convenable

POUR LES CONSTRUCTIONS MARITIMES.

Dans la partie Nord de la Méditerranée qui baigne les côtes occidentales de l'Italie, se trouve un groupe d'îles parmi lesquelles on distingue principalement la *Sardaigne*, la *Corse* et l'île d'*Elbe*. Les deux dernières sont remarquables par les souvenirs historiques qui se rattachent à la dynastie régnante, et par les produits agricoles, forestiers et minéralogiques dont la nature les a largement dotées. L'une appartient au grand-duché de Toscane, l'autre est un département français : la distance qui les sépare est de quelques lieues.

De l'île d'Elbe on extrait, à ciel ouvert, une grande quantité de minerai de fer très-riche en rendement et en substances chimiques. Quant à la Corse, sa richesse forestière est célèbre : l'on compte dans la contrée montagneuse de cette île, quarante mille hectares de forêts domaniales et trente mille hec-tares de forêts communales, elle produit, en outre, des céréales en quantité su-périeure à la consommation de ses habitants, et l'on y cultive avec succès le lin, le chanvre, l'olivier, le mûrier, etc... Nous ne parlerons que pour mémoire des mines de fer et de cuivre que l'on y a découvertes récemment, ainsi que des carrières de marbres que l'on y exploite et dont on a pu voir de beaux spécimens à l'exposition universelle.

Enfin la Sardaigne moins montagneuse que la Corse, est riche en pâturages et fait avec elle un grand commerce de bestiaux. Et comme pour assurer à ce pays tous les avantages ensemble, et le mettre à même de développer ses ressources au premier jour, Dieu a placé en face de cette île, où les bras manquent, des populations sobres, laborieuses, intelligentes. Ce sont celles du littoral italien, populations pauvres, mais justement réputées pour le métier de la mer et les constructions navales. On trouve aussi dans quelques parties de l'intérieur, des races éminemment propres à la culture des terres et à l'exploitation des forêts. Il suffira de nommer *Gênes* et la *Spezzia* pour les premières, *Lucques* et *Parme* pour les secondes.

Que faut-il pour tirer un parti avantageux de toutes ces ressources que la nature s'est plue à concentrer comme à souhait dans un rayon si restreint ? Un port et rien qu'un port. Eh bien ! ce port existe, c'est celui d'Ajaccio capitale de la Corse, chef-lieu d'un département français !

Au fond du magnifique golfe d'Ajaccio se trouve un port vaste et sûr circonscrit en partie par une plage de 1350 mètres de développement, sur laquelle on peut asseoir à peu de frais un grand nombre de cales de construction. Cette plage limitée d'un côté par la mer et de l'autre par la route impériale qui relie Ajaccio à Bastia, communique par un petit cours d'eau avec une vaste plaine de niveau avec la mer. En élargissant la plage, en agrandissant ce cours d'eau, en creusant enfin un canal de douze mètres de largeur sur un mètre cinquante centimètres de profondeur, dans une direction normale à la plage et avec des embranchements, cette plaine serait mise à peu de frais en communication avec la mer et découpée en un certain nombre de lots sur lesquels on pourrait bâtir de vastes hangars servant à abriter toutes les usines, toutes les industries qui servent aux constructions maritimes, ainsi que des magasins et des hangars en rapport avec les travaux que l'on y entreprendrait.

La solution du problème, insoluble jusqu'ici, de la construction navale à bon marché est là et rien que là !

Quelles sont en effet, les matières premières propres à ces sortes de constructions ?

Du fer en très-grande quantité pour les coques et les machines ;

Du bois de sapin pour les ponts et les pavois de bastingages ;

Du bois de chêne pour les barreaux, les montants et les lisses de bastingages, et les ceintures intérieures et extérieures ;

Du bois de sapin pour les mâtures ;

Du chanvre pour les cordages et les toiles à voiles ;

Du brai et du goudron pour le calfatage et les cordages ;

Enfin du cuivre et des matières grasses pour les machines

Ajoutons, pour compléter cette énumération, la nécessité de créer un centre de population assez étendu pour parer à tous les besoins, à toutes les exigences de cette vaste industrie.

Les quelques traits rapides, mais d'une incontestable exactitude, par lesquels nous avons décrit plus haut les trois îles et indiqué tout le parti que la Corse, notamment, peut tirer du voisinage de l'Italie, doivent suffire, nous l'espérons, pour convaincre les plus incrédules au sujet de la possibilité de se procurer, facilement et à bon marché toutes les matières premières employées dans les constructions maritimes, et d'attirer à Ajaccio une population ouvrière considérable, parce que la vie animale est et y sera toujours à bas prix, attendu que cette ville ne pouvant pas être reliée à Paris par un chemin de fer, la cherté croissante des denrées y sera impossible, et qu'enfin le pays sera mieux cultivé, les pêcheurs seront plus nombreux, lorsqu'un débouché facile et sûr sera là.

Le but que nous nous proposons d'atteindre, étant d'arriver en peu d'années à créer à Ajaccio un arsenal maritime, véritable Venise industrielle (voir la planche ci-jointe), nos raisonnements, dans ce qui va suivre, seront basés sur l'acceptation pleine et entière de nos idées par une société de capitalistes, ou mieux encore par une compagnie maritime déjà organisée qui, nous confiant la direction et l'exécution de notre projet, disposera d'un capital nominal que nous fixerons plus loin.

Dans toutes les grandes affaires, en France, on est porté à solliciter l'appui du gouvernement. Cette disposition de l'opinion publique serait extrêmement funeste, si elle allait jusqu'à étouffer l'initiative individuelle. Contenue dans de sages limites, l'action du pouvoir sur l'industrie et le commerce, peut au contraire enfanter de grands biens. N'est-ce pas effectivement grâce à la protection de l'Etat, à la garantie d'un minimum d'intérêt, que l'industrie des chemins de fer a pris en France, depuis quinze ans, un si grand essor ? Or, l'industrie des transports et des constructions maritimes est au moins aussi importante que celle des chemins de fer ; elles se tiennent toutes deux, d'ailleurs, par plusieurs points qui leur sont communs, et nous pensons que, nous aussi, nous pourrons compter sur l'appui moral et matériel du gouvernement actuel qui, plus que ceux auxquels il a succédé, protège et encourage les grandes entreprises. Ainsi, dans un rapport adressé à l'Empereur par un des derniers ministre de l'Intérieur sur l'institution du crédit mobilier, nous avons remarqué divers passages que nous nous empressons de transcrire, parce qu'ils s'appliquent trop bien à notre situation :

. . . . « La Société de crédit mobilier a donc entre les mains
« les moyens de réunir à tout instant, à des conditions avantageuses, des ca-
« pitaux considérables. C'est dans le bon usage qu'elle fera de ces capitaux que
« réside la fécondité de l'institution. En effet, elle peut à volonté commanditer
« l'industrie, s'intéresser dans les entreprises, s'associer à des opérations à long
« terme que la constitution de la banque de France et du comptoir d'escompte
« interdit à ces établissements ; en un mot, elle est libre de ses mouvements,
« et peut rendre son action aussi variée que les besoins du génie commercial. Si
« entre les entreprises naissantes elle sait discerner, pour leur donner un appui,
« celle qui porte le cachet de la fécondité ; si, par l'intervention opportune des im-
« menses ressources dont elle dispose, elle permet de conduire à terme et de rendre
« productives des œuvres qui languiraient ou avorteraient sans elle; si son concours
« est l'indice assuré d'une idée utile et d'un projet bien conçu, la Société de crédit
« mobilier méritera et commandera la confiance publique; les capitaux disponi-
« bles prendront l'habitude de se grouper autour d'elle, et se porteront en foule
« où leur patronage leur servira de garantie. C'est ainsi que par le pouvoir de
« l'exemple et par l'autorité qui s'attache à son appui, bien plus encore que par
« une aide matérielle, cette Société deviendra l'auxiliaire de toutes les pensées
« d'utilité générale. C'est ainsi qu'elle encouragera puissamment les efforts de
« l'industrie, et stimulera partout l'esprit d'invention. »

Nous avons une telle confiance dans les résultats financiers de notre entreprise, que nous croyons devoir nous dispenser de solliciter la garantie d'un minimum d'intérêt, et cette confiance, il faut le dire, nous l'avons puisée dans les nombreuses marques d'approbation que des personnes éminentes, appartenant à presque toutes les classes de la société, ont bien voulu nous témoigner à la lecture de ce travail ; en revanche nous demandons que le gouvernement use de toute sa légitime influence pour obtenir du crédit mobilier son concours, s'il en est besoin, en faveur de la compagnie que nous formerons, et la concession pendant quatre-vingt-dix-neuf ans des forêts de la Corse aux simples conditions suivantes :

1°. La compagnie payera à l'Etat à raison de 1 fr. 50 à 2 fr. chaque arbre qu'elle abattra et qui aura, à un mètre du sol, un mètre de circonférence et au-dessus;

2°. L'Etat exercera le droit de martelage en raison des besoins courants de ses arsenaux, et la compagnie se chargera d'abattre les arbres martelés et de les transporter dans les cinq grands ports de guerre, moyennant une indemnité proportionnelle à la distance qui sépare Ajaccio de chacun de ces ports.

En France, l'on croit à tort que les différents gouvernements qui se sont succédés depuis quarante ans, ont évité d'exploiter les forêts de la Corse, afin de se réserver en temps de guerre de précieuses ressources pour leurs arsenaux. D'abord, le meilleur moyen de répondre à cette éventualité est, ce nous semble, d'avoir les fosses aux mâtures et les magasins de prévoyance des arsenaux abondamment pourvus ; et ensuite, si telle eût été l'intention de ces gouvernements, il est évident que ces forêts eussent été entretenues, et dotées d'un vaste réseau de routes forestières ; or, ce n'est que depuis deux ans que l'on a entrepris ces sortes de travaux ; c'est-à-dire, depuis que l'Empereur, dans sa haute sollicitude, a bien voulu chercher à porter remède, sans qu'il en coutât rien au trésor, aux maux qui afffigent la Corse, berceau de sa race, et dont le dévouement à sa cause, à son nom n'a jamais connu de défaillance.

Jusqu'ici les forêts de la Corse n'ont jamais été exploitées d'une manière régulière et suivie. A part celle d'*Aïtone* et de *Vizzanova* que le gouvernement de la restauration a essayé d'exploiter à différentes reprises, l'on ne remarque dans les environs des autres forêts aucunes traces, aucuns vestiges de routes y conduisant, ce qui nous fait supposer que même du temps de la domination romaine toutes ces forêts sont restées vierges.

Les ingénieurs de la marine et les agents de l'administration des eaux-et-forêts qui ont été chargés d'inspecter les richesses forestières de la Corse, sont unanimes à reconnaître que la trop grande agglomération des arbres sur un même point, nuit considérablement à leur développement et que le manque d'air et d'espace les étouffe et les atrophie.

L'Empereur, justement préoccupé du dépérissement des arbres, des ressources que ces richesses forestières pourraient offrir à nos arsenaux militaires et industriels, et de la misère toujours croissante des habitants de la Corse, a arrêté en principe l'exploitation de ces forêts, et si ses augustes intentions n'ont pu se réaliser jusqu'ici, il faut l'attribuer, d'une part à la guerre que nous venons si heureusement de terminer, et de l'autre au peu de garanties qu'offraient les compagnies qui se sont présentées pour soumissionner.

Dans les forêts de la Corse, l'on compte environ 3,000,000 d'arbres susceptibles d'être abattus. L'argent provenant de leur vente représenterait donc à peu de choses près la somme que le gouvernement français est en train de dépenser pour la construction des principales routes forestières, quant aux chemins de traverse; d'exploitation c'est naturellement à la compagnie qu'incomberait cette charge,

Les intérêts de la compagnie sont les mêmes que ceux de l'État; c'est-à-dire, puiser à la source mais ne pas la tarir, exploiter en vue du repeuplement des forêts et non de leur extinction (1) : du moment que les forêts de la Corse disparaîtraient, l'arsenal d'Ajacoio n'aurait plus sa raison d'être. Avons-nous besoin de dire que par la seule formation de notre compagnie, la Corse deviendra un pays riche et florissant, et que la marine marchande de France, elle aussi, en recevra une impulsion décisive, une de ces commotions électriques qui donnent aux corps malades et chétifs la vie et la vigueur. Notre projet est donc seul capable de répondre à la haute sollicitude, aux désirs exprimés en différentes circonstances par S. M. Impériale, et nous sommes convaincu que son assentiment, ses sympathies, ses encouragements nous sont acquis pour l'accomplissement de l'œuvre que nous poursuivons.

(1) C'est dans ce but que nous demandons une concession de longue durée. La croissance moyenne annuelle du pin étant en circonférence 0m 017, en diamètre 0m 005, en hauteur 0m 54, il s'ensuit que les arbres qui auront 0m 30 de diamètre à l'époque de la concession, n'atteindront les dimensions requises pour les bois de mâture, qui varient de 0m 60 à 0m 90 ; que quatre-vingt-dix ans après.

Il nous suffira de citer quelques extraits d'un rapport officiel publié par l'administration de la marine pour faire ressortir les autres avantages que l'Etat trouvera dans les conditions du traité que nous lui proposons.

Dans le rapport sur le matériel de la marine présenté en 1838 à M. le vice-amiral Rosamel, par M. le baron Tupinier, on lit les passages suivants : « Les « bois de mâture figurent en première ligne parmi les matières qu'il faut ab « solument tirer de l'étranger et dont la difficulté des communications pourrait « rendre le transport impossible en temps de guerre. Il est par conséquent très- « essentiel de profiter des années de paix pour réunir dans nos ports de gran « des quantités de ces bois Sous ce rapport notre situation est bonne, et, pour « la rendre parfaite, il suffirait d'ajouter à ce que nous possédons de mâts bruts « quelques pièces de fortes dimensions, propres à servir de mâts de hune à des « vaisseaux. Malheureusement, on ne trouve plus qu'avec de grandes difficul « tés, dans les forêts du Nord, des arbres qui remplissent toutes les conditions « qu'on exige pour faire un mât de hune. Pour en acquérir un très-petit nom « bre, il faut consentir à admettre en même temps en recette beaucoup de « mâts moins précieux dont nous possédons déjà de fortes quantités.

« A défaut de bois du Nord, il nous a fallu dans ces derniers temps, recou « rir aux pins du Canada, dont la qualité est fort inférieure, et qui n'ont pas « à beaucoup près la même durée. (1) Cette nécessité, vraiment fâcheuse, est « également subie par l'Angleterre et par les autres puissances maritimes.

« Mais, dira-t-on, pourquoi ne pas avoir recours aux forêts de la Corse ?

« Ces forêts produisent en effet du bois dont la qualité est bonne, quoique « inférieure à celle du pin de Riga, et malgré leur plus grande pesanteur spé « cifique (2) Mais tant que de nouvelles routes n'auront pas été ouvertes en « Corse, tant que l'accès des forêts de l'île ne sera pas plus facile, les trans « ports de ces bois en rendront le prix excessif, lorsqu'ils seront parvenus sur « le continent » et plus loin : « Pour les bois de mâture par exemple, n'ayant « pas même à opposer les pins de la Corse à ceux de la Pologne et du Canada, « il y a nécessité indispensable de préférer ces derniers. »

----

(1) L'auteur de ce rapport aurait dû ajouter que la pesanteur spécifique de ce bois étant double de celle des bois du Nord, son emploi comme mâts de hune nuit aux bonnes conditions de stabilité des navires de guerre.

(2) Le pin du Nord étant pris pour unité, la pesanteur spécifique du pin de Corse serait de 1,50 et celle du bois de Canada de 2.

Il ne nous reste que peu de mots à ajouter à ces lignes qui ont leur éloquence, et dont l'importance ne saurait échapper aux esprits clairvoyants, c'est que depuis qu'elles ont été écrites, la situation de nos arsenaux ne s'est nullement améliorée, ainsi que le constate le rapport qui a suivi l'enquête parlementaire sur la marine votée par l'assemblée législative de 1849.

Les bois et les fers étant les principales matières qui entrent dans les nouvelles constructions maritimes pour le commerce, il convient tout d'abord d'arrêter d'une manière précise la quantité de ces matières que la compagnie devra produire au double point de vue des besoins de son arsenal et de leur écoulement dans le commerce.

Exploitation des Forêts de la Corse.

LEURS PRODUITS.

Les différentes essences de bois que renferment les forêts de la Corse, sont : le pin de Corse, ou *lariccio*, le sapin, le méléze, le frêne et le chêne ; mais les essences résineuses y sont en plus grande quantité, et c'est spécialement de celles-là que nous aurons à nous occuper.

Tous ces bois équarris et débités servent à toutes sortes de travaux ; ils fournissent des poutres, des solives, des madriers, des traverses pour les chemins de fer, des planches pour la couverture des maisons et les bordages des navires ; ils sont excellents pour la charpenterie. Le pin lariccio atteint une hauteur considérable, et son tronc est employé pour les mâtures.

L'on a déjà vu que la pesanteur spécifique de ces bois est supérieure, toutes choses égales d'ailleurs, à celle des bois de même espèce que l'on trouve dans le Nord et sur le continent français. Ce surcroît de densité, dans les bois de Corse, ne peut être attribué qu'à la présence d'une plus grande quantité de matières résineuses. Mais, dira-t-on, ceux du Canada en contiennent encore plus, puisque à volume égal ils pèsent le double. Non, et cette différence de poids provient de ce que les pores de ce dernier sont plus serrés : les pins d'Europe ont tous une certaine analogie dans la structure et la disposition de leurs fibres, tandis que ceux d'Amérique en diffèrent essentiellement au point qu'on les confond souvent, de prime-abord, avec certaines espèces de chênes

Cette richesse de matières résineuses que l'on constate dans les bois de la Corse, fait qu'ils résistent plus longtemps à l'action destructive de la chaleur et de l'humidité. Lorsque la chaleur du soleil a fait suinter la résine, elle bouche tous les interstices du bois et forme sur toute sa surface un vernis presque imperméable à l'eau et à l'air. Des expériences comparatives, auxquelles s'est livrée tout récemment une de nos grandes compagnies de chemins de fer, ont démontré que les bois de Corse duraient beaucoup plus longtemps sous terre que les autres espèces de bois, voire même le chêne, qu'il y avait économie, grande économie, à employer ces bois pour les traverses des chemins de fer.

A ne considérer que l'Angleterre, l'entretien des chemins de fer dans ce pays coûte annuellement la somme énorme de 500,000,000. Il est probable que les frais occasionnés par le renouvellement des traverses figurent pour une bonne part dans cette somme, attendu que dans une contrée aussi humide, les traverses en bois qui supportent les rails doivent se détériorer promptement. Ces frais sont de trois sortes : 1° le prix d'achat du bois ; 2° la main d'œuvre pour la mise en place des traverses à des époques rapprochées ; 3° les chômages que ces travaux occasionnent quelquefois, surtout pour les chemins de fer à simple voie comme ceux dits à l'américaine.

En France, et dans presque tous les pays baignés par la Méditerranée, l'industrie des chemins de fer prend de jour en jour un plus grand développement, et comme en général les voies ferrées viennent aboutir à des ports de mer, la Corse se trouve donc admirablement placée, c'est-à-dire, qu'elle forme comme le centre d'une sphère de grande activité industrielle. Remarquons en passant que les traverses des chemins de fer ne dépassant jamais 1m 50 de longueur, les arbres que l'on destinera à cet usage pourront être sciés sur place en plusieurs tronçons, ce qui facilitera considérablement l'exploitation des forêts.

Dans les ports du littoral de la Méditerranée, le prix des bois de Corse (débités) varie de 50 à 55 fr. le mètre cube, alors que les chênes sont côtés de 60 à 65 fr. Quant aux bois de mature, ils se vendent à raison de 150 à 300 fr. le mètre cube.

Il serait trop long d'énumérer tous les ports espagnols, français, italiens et grecs qui construisent de grands et de petits navires, et où les bois de Corse pourraient trouver un placement facile. La Grèce, à elle seule, importe annu-

ellement pour fr. 1,000,000, de bois de construction, et l'on sait que les constructeurs de ce pays n'emploient que du pin et du sapin pour le bordé de leurs
navires. Il est probable d'après cela que s'il y avait en Corse des dépôts de bois,
la plupart des bâtiments grecs qui opèrent leur retour sur lest, après avoir dé-
barqué leur chargement de céréales à Marseille, iraient y prendre charge pour
le Levant à des prix très-modiques.

En Orient, les bois de sapin sont d'un usage général ; on s'en sert aussi bien
pour la construction des maisons que pour celle des navires, et comme pour
ces sortes de travaux, les bois de Corse sont de beaucoup préférables à ceux du
Nord, il y a de fortes présomptions pour croire que la compagnie trouvera dans
ce pays un grand débouché pour ses bois.

Toutes les fois que nous avons traité avec des capitalistes l'importante question
de l'exploitation des forêts de la Corse, nous avons eu lieu de remarquer que
leurs craintes, leurs appréhensions portaient spécialement sur la difficulté de
trouver à écouler dans le commerce les produits de ces forêts. L'esquisse rapide
que nous avons faite plus haut des pays, où nous comptons établir notre vaste
champ d'opération, doit suffire, nous l'espérons, à rassurer les esprits les plus
timides „ les plus craintifs. Lorsqu'on pense que les marchés d'Angleterre, d'Es-
pagne, de France, d'Italie et du Levant doivent forcément devenir les tribu-
taires de la compagnie, au moins pour ce qui regarde l'industrie des chemins
de fer ; comment pourrait-on mettre en doute le succès de l'entreprise ? Et encore, jusqu'ici nous n'avons traité que la question de la production pure et simple des bois équarris ou de mâture, mais les forêts fournissent d'autres produits
aussi précieux, ce sont : les résines, les goudrons, les brais, les charbons et
les acides pyroligneux. Avec les progrès toujours croissants de la science, rien
ne se perd aujourd'hui ; et, dans la fabrication du coke comme dans celle du charbon de bois, les produits utiles que l'on en retire au moyen des réfrigérants,
paient une bonne partie de l'opération.

Nous avons dit plus haut, que le gouvernement français a essayé à différentes
reprises d'exploiter les forêts de la Corse. Ces essais n'ont pas été heureux. Il
s'est trouvé, ce qui arrive toujours quand l'État exploite pour son propre compte, que les produits obtenus revenaient plus cher, une fois rendus dans nos
arsenaux, que les mêmes qu'il se procurait directement en Norvège, en Prusse,

en Russie. A cette époque, la vapeur en était à ses débuts, de sorte que les bois étaient sciés à bras ; quant aux grosses pièces de mâture, comme il faut pour les transporter de très-grands navires, l'on fit construire expressément à Toulon deux grosses gabares informes, le *Chameau* et le *Dromadaire*, que l'on pourvut d'un état-major et d'un équipage complets ; or, le chargement et le déchargement des pièces de mâture, dont quelques-unes pèsent jusqu'à 8,000 k., demandant beaucoup de temps et obligeant par conséquent les navires à faire de longues staries, il en résultait que pour une traversée de deux ou trois jours, ces gabares passaient deux ou trois mois dans les ports de Corse et de Toulon. A cette première cause de dépense, venait s'ajouter celle provenant de l'imperfection des routes forestières, dont quelques-unes avaient des pentes tellement raides que pour les faire franchir aux grosses pièces de mâture, il fallait employer des trenils que des hommes faisaient mouvoir. Si nous n'avions pas mieux à proposer, nous ne nous permettrions pas de critiquer ce qui s'est déjà fait.

Pour terminer ce chapitre, il ne nous reste plus qu'à dire quelques mots relativement à la production du bois débité et de mâture.

Par cela même que les forêts de la Corse sont presque toutes vierges, et que les arbres y dépérissent faute d'air et d'espace, la compagnie ne saurait s'imposer, dans les premières années de sa concession, d'autre borne dans sa production de bois que celle que peut opposer la difficulté matérielle de l'abattage et du transport. Ce qu'il importe le plus, en effet, c'est d'élaguer d'abord les arbres, de les éclaircir, de leur donner de l'air afin qu'ils respirent et qu'ils atteignent leur parfait développement.

Chaque arbre des forêts de la Corse, produisant environ 1^m 50 à 2^m cubes de bois, si l'on admet que l'on abatte 50,000 arbres tous les ans, la compagnie disposera donc de 80,000 mètres cubes de bois équivalant en poids à 50,000 tonnes.

Exploitation des minerais de l'Ile d'Elbe,

LEURS DIVERS PRODUITS.

Le minerai de l'île d'Elbe est le même que celui qu'on exploite en France, à Froment ou dans les Voges. L'analyse chimique que l'on en a faite, nous apprend

BIBLIOTHÈQUE IMPÉRIALE

que ce fer est oligiste et n'est que du péroxide de fer en cristaux rhomboïdri-
ques. Il n'a presque pas d'action sur le barreau aimanté. Sa couleur est le gris
noir ou le gris d'acier, sa cassure est fibreuse, et quelquefois lamelleuse. Sa
poussière est d'un rouge brun assez foncé. Il se présente en masses compactes
et sous forme arénacée, c'est-à-dire en sable ferrugineux. Les minerais en roche
ou en fragments rendent 60 à 80 p. °/° et les minerais arénacés, 45 à 50.

Faisons remarquer d'abord que le fer provenant de ce minerai ayant une
faible action sur l'aiguille aimantée, est essentiellement propre aux constructions
maritimes. Quant à la supériorité de la fonte qu'il produit, elle nous est suffisamment démontrée par les résultats qu'obtient la compagnie Jackson de Lyon,
qui a établi des hauts-fourneaux à *Toga* près de Bastia. Malgré la répugnance
que nous éprouvons à reproduire ici une lettre toute confidentielle qui nous a
été adressée dans le temps par quelqu'un qui n'est plus, par feu notre ami, le
lieutenant-colonel d'état-major Vico, qu'une mort prématurée a ravi à la France, à sa famille, à ses nombreux amis, nous croyons néanmoins, dans l'intérêt
de la cause que nous défendons, devoir en faire part à nos lecteurs.

« *Lyon, 5 janvier 1854.*

« Mon cher Roux,

« Il est temps, n'est-ce pas ? que je réponde à ta lettre. Je t'aurai bien fait
« attendre les renseignements que tu m'avais demandés. Il m'a fallu attendre
« le retour à Lyon d'un de mes parents qui pouvait seul me donner ces ren-
« seignements ; il est intéressé dans la compagnie qui exploite Toga : je n'aurais
« su à qui m'adresser ici.

« L'usine de Toga a été achetée par les Jackson qui font des aciers à Rive-
« de Gier. Ils ont mis en action cette usine et leurs aciéries. Cette société fait
« de magnifiques affaires à Toga qui paraissait être compté pour peu dans le
« principe, et qui leur donne des résultats fabuleux.

« Deux hauts-fourneaux sont en action et produisent chacun de 5 à 6 mille
« kilogrammes de fonte par jour. La qualité de cette fonte est telle que les aciers
« qui en proviennent sont supérieurs à tous ceux que l'on avait obtenus jus-
« qu'ici. La plus grande partie, une grande partie au moins de la fonte obtenue

« est employée directement par la compagnie Jackson pour les aciers, le reste
« est vendu avec cent pour cent de bénéfices, c'est-à-dire qu'ils vendent 24 fr.
« le quintal ce qui leur coûte 12 fr.: les bénéfices sont de cent mille francs
« tous les mois! Que dis-tu d'une pareille affaire? Aussi, va-t-on donner à
« cette exploitation toute l'extension possible. Ces MM. font construire des ba-
« teaux à vapeur pour les transports à Bastia du minerai et des charbons de
« bois qu'ils font venir d'Italie en outre de ceux qu'ils trouvent dans le pays, et
« aussi pour le transport de la fonte à Marseille.

« On ne peut préciser le dividende afférent à l'usine de Toga, par le double
« motif que Toga et Rive-de-Gier ont été confondus jusqu'ici, et que le premier
« établissement a commencé depuis peu seulement à être en train.

« Il résulte du fait de bénéfices aussi énormes que la concurrence ne tardera
« peut-être pas à s'établir et que sans compter la réduction que les prix des
« minerais éprouveront, on pourra être assuré d'en trouver sur les lieux une
« quantité aussi considérable que pourront l'exiger les besoins des établissements
« que tu projettes.

« Ton affectionné, etc.

« (P. S.) J'avais prié un négociant en fontes de Lyon de me faire savoir
« combien se vend à Marseille la fonte provenant de Toga. Il a dû écrire à son
« correspondant dans cette ville, qui lui a répondu que cette fonte se place à
« à Marseille à 22 fr. comptant. Je viens seulement de recevoir ce renseigne-
« ment que je tenais à te donner d'une manière précise, c'est ce qui a encore
« retardé ma réponse. »

En présence de renseignements aussi précis, aussi authentiques, il serait su-
perflu d'insister plus longtemps sur l'opportunité qu'il y aurait à créer à Ajaccio
un certain nombre de hauts-fourneaux. Il nous reste seulement à faire remarquer que la richesse forestière de la partie occidentale de la Corse doit dispenser
la compagnie de recourir aux charbons d'Italie. La compagnie trouvera d'abord
dans les forêts qui lui seront concédées de grandes ressources en ce genre, et
elle fera ensuite appel à l'intérêt privé, à la nombreuse population de marins
bûcherons de la ville d'Ajaccio, qui fournira des charbons et des bois à des prix
très-modérés, au débarcadère même de son établissement.

Supposons que la compagnie fixe à 18,000,000 kilogrammes sa production moyenne annuelle de fonte. Le rendement du minerai de l'île d'Elbe étant en moyenne de 60 p. 0/0, il faudra donc transporter de l'île d'Elbe à Ajaccio 30,000,000 kilogrammes de minerai.

D'autre part, la fusion de ce minerai exigeant pour 100 kilogram. de fonte, 200 kilogr. en moyenne de charbon de bois, la compagnie devra disposer annuellement de 36,000,000 kilogr. de charbon de bois. Inutile d'ajouter que la Corse peut suffire amplement à cette consommation.

A côté des hauts-fourneaux, nous comptons établir une fonderie et une usine de grandes forges et laminoirs, où l'on utilisera pour le compte de la compagnie une bonne partie des fontes qu'elle produira. Mais tant que l'établissement que nous projetons n'aura pas atteint son parfait développement, ces usines ne devront fabriquer que des tôles, des fers en barres et des aciers, des coussinets et des rails pour les chemins de fer.

Pour les coussinets, on emploie la fonte grise de seconde fusion au coke ou celle de première fusion au charbon de bois.

Pour les rails on emploie de la fonte truitée, c'est-à-dire de la fonte où il y a excès de charbon : elle tient à la fois de la fonte grise par sa ténacité, et de la fonte blanche par sa dureté. Le fer doit être dur pour résister au frottement et tenace pour résister à la rupture. Jusqu'ici on a employé le fer n° 2 fabriqué au laminoir, mais depuis quelque temps un industriel allemand est parvenu à recouvrir la partie supérieure des rails d'une bande d'acier, et ces nouveaux rails, malgré leur prix élevé, sont préférés aux anciens par les compagnies des chemins de fer. Les usines de la compagnie devront donc être outillées de manière à produire toutes sortes de rails afin de pouvoir répondre à tous les besoins, à toutes les exigences de la grande industrie des voies ferrées. Ce qui restera après cela de fontes, de tôles, de fers et d'aciers, la compagnie trouvera à l'écouler facilement dans l'industrie et surtout dans les établissements de Cette, de Marseille, de la Ciotat et de la Seyne. L'arsenal de Toulon devra aussi consommer une bonne partie de ces produits, attendu que l'on est en train d'y créer de grands établissements pour la construction des machines à vapeur. Il est même probable que tous ces établissements feront à la compagnie des commandes de grosses pièces forgées.

L'usine d'Ajaccio, étant pour ainsi dire placée aux portes de tous ces établissements industriels maritimes, n'aura nullement à redouter la concurrence de celles moins heureusement situées, par la double raison que ses produits seront au moins d'aussi bonne qualité et au même prix que ceux provenant des usines similaires de France et de l'étranger, et que les transports se feront tous par mer en moins de vingt-quatre heures, et l'on sait combien ce mode de faire est économique.

Arsenal maritime-industriel d'Ajaccio.

Jusqu'ici l'on a vu que les principales industries que la compagnie devait commencer par exploiter, étaient les bois et les fers. La préférence que nous leur accordons est motivée par les grands bénéfices qu'elles devront donner à la compagnie dès le début, et ces bénéfices nous comptons nous en servir comme pierres de fondement pour élever tout notre édifice industriel. En conséquence, nous demandons que les sommes provenant des bénéfices, défalcation faite d'un dividende annuel de 8 p. o/o du capital engagé et de l'amortissement, soient employées à la création d'un arsenal maritime, calculé d'après les données suivantes : produire, année moyenne, dix-huit navires en fer de 500 à 2000 tonneaux, munis de machines de 100 à 600 chevaux.

Pour ce faire, il resterait à créer, en dehors des usines dont nous venons de nous occuper :

Un atelier de machines et d'ajustage ;

   de chaudières et de zincage ;

   de petites forges ;

Douze cales de construction ;

Des petits ateliers pour la menuiserie, la voilerie. etc. ,

Différents magasins et hangars ;

Enfin dans un avenir plus lointain une filature de toiles à voiles, une corderie, une mâture et une forme ou bassin pour échouer les navires.

Nous pensons qu'il est inutile de faire ressortir les avantages que la compagnie trouverait dans cette agglomération d'industries diverses, dans un endroit aussi favorablement situé que celui dont nous nous occupons : il ne nous reste qu'à faire comprendre, que la création de ce vaste établissement est possible, et que les résultats financiers répondront aux sacrifices qu'il imposera à la compagnie.

Il est évident que si toutes ces industries étaient placées sous la direction exclusive d'un seul homme, quels que fussent d'ailleurs son habileté et ses talents, les produits que l'on en obtiendrait se trouveraient probablement inférieurs à ceux des industries privées similaires. Mais telle n'est point notre intention. Nous entendons placer à la tête de chaque industrie des *hommes spéciaux* que nous irons chercher au besoin à l'étranger. Partout où se trouvera un homme de mérite qui aura fait *ses preuves*, c'est à celui-là que nous nous adresserons de préférence. Cette manière de procéder imposera, assurément, quelques sacrifices pécuniaires à la compagnie, mais, comme il s'agit de fabriquer pour des valeurs de plusieurs millions, ce surcroît de dépenses se trouvera largement compensé par la supériorité de nos produits. L'on ne doit pas oublier, d'ailleurs, qu'un bon ingénieur, secondé par de bons contre-maîtres, suffit pour lancer et maintenir une industrie dans la bonne voie, et que le reste du personnel n'a qu'à exécuter et à suivre attentivement la marche des outils que la vapeur fait mouvoir : la main d'œuvre est bien peu de chose dans l'état avancé où sont de nos jours toutes les industries.

Le nombre d'ingénieurs, d'hommes spéciaux nécessaires à la direction de cet arsenal serait de cinq :

Hauts-fourneaux et fonderie...................... 1.
Grandes forges et laminoirs..................... 1.
Machines, chaudières et petites forges.......... 1
Constructions navales, corderie................. 1.
Filature de toiles à voiles..................... 1.
                                               ——
                        Total.............. 5.

Les ingénieurs ne devront pas s'occuper d'administration; seulement, les matières nécessaires à l'approvisionnement, à l'alimentation de leurs ateliers ne seront délivrées que sur des bons signés par eux qu'ils détacheront d'un registre à souche. De même les matières ou articles ouvrés ne seront reçus que sur la présentation de bons semblables.

Deux garde-margasins, ayant déposé chacun dans la caisse de la compagnie un cautionnement de fr. 25,000, seront chargés de la comptabilité intérieure de l'arsenal, de la délivrance et de la recette des matières. L'un sera spécialement chargé de tous les magasins renfermant les matières premières, l'autre des magasins renfermant les matières ouvrées. Ces matières seront, autant que possible, rangées par ordre et par unité, c'est-à-dire que les minerais, les fontes, les bois non débités, les planches, etc. formeront des tas séparés avec l'indication des quantités de poids, de mesures et d'unités qu'ils renferment. Ces dispositions particulières ont pour but de faciliter, sans déplacer les matières, les recensements de fin d'année, ainsi que la vérification de la comptabilité des garde-magasins par l'inspecteur préposé à cet effet.

Chaque atelier sera pourvu de deux magasins y attenant, l'un pour les matières premières, l'autre pour les matières ouvrées. L'atelier et les magasins seront mis en communication par des voies ferrées à l'intérieur.

Avec de telles dispositions les garanties de bonne gestion sont assurées, sans qu'il y ait besoin de recourir à une comptabilité compliquée. En effet, les matières n'étant délivrées ou reçues par les garde-magasins que sur des bons des ingénieurs, le simple rapprochement de ces bons dont les souches existent sur les deux livres de chaque ingénieur, avec l'existant dans les magasins et les matières reçues ou délivrées sur les ordres du directeur-général, suffit pour éclairer la compagnie, représentée par son conseil d'admidistration, sur la marche, les progrès et les profits de chaque industrie séparément.

Un ingénieur a-t-il besoin, par exemple, de matières dépendant d'un autre service que le sien? Il adresse une demande à l'ingénieur du ressort duquel est le service et celui-ci délivre immédiatement le bon de sortie ou d'exécution pour les ateliers, suivant qu'il s'agit de matières premières ou ouvrées

Ainsi donc, chaque ingénieur dirigera l'industrie dont il sera chargé comme s'il était isolé, soit pour les produits, soit pour la comptabilité; et lorsque certains travaux exigeront l'action collective de plusieurs d'entr'eux, ils concourront de leur mieux et dans une commune pensée d'intérêt général à l'exécution du travail projeté.

La création de notre arsenal n'est pas une innovation; il existe dans le monde beaucoup d'établissements de cette espèce, possédant isolément ou collectivement toutes les industries que nous avons énumérées plus haut, il ne s'agit donc de rien inventer, mais de copier avec intelligence ce qui existe déjà.

Il y a deux sortes d'arsenaux: les arsenaux militaires, et les arsenaux industriels.

Les arsenaux militaires se distinguent par la profusion et le luxe des monuments, et par une administration très-compliquée. Il est vrai de dire que dans ces grands établissements se trouve un immense matériel dont la nomenclature, qui s'accroît tous les jours, ne compte pas moins de 32,000 espèces d'unités différentes.

Dans les arsenaux industriels, les monuments disparaissent pour faire place à de plus modestes constructions: l'intérêt privé étant en jeu, tout y est calculé dans un esprit de stricte économie; ils produisent à meilleur marché que les arsenaux de guerre par la raison que l'État ne pouvant ni ne voulant travailler pour le commerce, et étant obligé, bon gré mal gré, d'occuper une nombreuse population ouvrière, il arrive souvent, très-souvent même, que des ateliers entiers sont occupés à la confection de certains objets qui ne trouveront pas d'emploi immédiat à bord des bâtiments de la flotte (on appelle cela travailler pour le magasin), et qui seront emmagasinés pour servir dix ou douze ans plus tard; et encore, si pendant ce temps une invention ou une simple innovation vient à se produire, ces objets sont condamnés sans avoir jamais pu servir. A l'appui de ce que nous avançons nous pourrions au besoin citer une foule d'exemples.

On compte dans la Méditerranée plusieurs arsenaux industriels. Le plus considérable est celui du Lloyd autrichien que l'on travaille encore à agrandir. Depuis sa création, il a produit 48 navires à vapeur: d'autres bâtiments sont actuellement sur les chantiers. Viennent ensuite, en France, ceux de la Ciotat et des forges et chantiers de la Méditerranée scindé entre Marseille et la Seyne appartenant tous deux aux Messageries Impériales, et enfin celui de Cette.

Excepté les hauts-fourneaux et les laminoirs, on retrouve dans ces arsenaux les mêmes industries que nous voulons créer. Notre projet est donc, on nous l'avouera, possible et praticable; et, si une différence pouvait exister entre un arsenal à créer à Ajaccio et ceux qui existent déjà sur le continent, la différence, disons-nous, ne pourrait être qu'en faveur du premier; car à cause de sa situation même, ses approvisionnements de toute espèce, se feront plus facilement et à meilleur marché que partout ailleurs; il pourra recevoir dès le début et à très-peu de frais tout le développement que comporte la vaste industrie des constructions navales, et il profitera enfin de tous les perfectionnements qui se sont produits dans ces dernières années, dans l'art de préparer les matières, et construire les navires, les machines et l'outillage.

Mais si des ateliers aussi considérables ne devaient servir qu'aux besoins des constructions navales entreprises sur nos chantiers, il en résulterait pour la compagnie des chômages désastreux, des pertes considérables. Aussi, notre intention a-t-elle été en créant, sur une large échelle, toutes ces industries diverses, de produire à la fois et pour les constructions navales que la compagnie entreprendrait pour son propre compte ou pour celui des particuliers, et pour débiter dans le commerce ou dans les arsenaux de guerre des matières ou des objets servant à la construction et aux armements maritimes Nos produits devront servir indifféremment aux bâtiments que nous construirons, et à l'approvisionnement de nos dépôts tant en France qu'à l'étranger. Partant de ce principe qu'une compagnie qui fabrique pour son propre compte a tout intérêt à bien faire, puisqu'en agissant autrement elle se tromperait elle-même, il arrivera indubitablement que nos produits seront favorablement accueillis sur tous les marchés, et que l'estampille de la compagnie sera une garantie pour l'acheteur.

Les constructions navales

A AJACCIO ET EN ANGLETERRE.

La cause d'infériorité des industries métallurgiques françaises, vis-à-vis des industries similaires anglaises provient principalement de la cherté des fontes et des houilles qu'elles emploient; car, c'est une erreur de croire que les ouvriers sont plus payés en France, qu'en Angleterre, qu'aux États-Unis; quant aux frais d'un premier établissement, ils sont à peu de chose près les mêmes partout.

Pour ce qui regarde les fontes au charbon de bois, qui sont les plus estimées, il ne peut être douteux pour personne que l'établissement d'Ajaccio devra en produire au même prix et peut-être à meilleur marché que les fontes anglaises de même espèce. Quant à la houille, notre consommation sera très-restreinte par l'emploi que nous comptons faire de la vapeur combinée du système de M. du Trembley, dans les machines fixes de nos usines.

Et maintenant, si nous considérons les constructions navales dans leur ensemble, tant en Angleterre qu'à Ajaccio, la comparaison ne pourra être qu'à l'avantage de la compagnie; car, les bois de construction et de mâture dont on se sert en Angleterre, sont importés de l'étranger, tandis que la compagnie se procurera en Corse toutes ces matières coûteuses à un prix infiniment moindre que si elle était obligée de les tirer de Russie ou de Norwège. Ainsi, une belle pièce de mâture coûte à Londres, à Newyorck de deux à trois mille francs ; en Corse cette même pièce de bois rendue à Ajaccio coûterait mille francs à peine. Une différence presque analogue existe pour les matières grasses, les brais, etc.

De tout ceci l'on peut conclure hardiment, qu'à Ajaccio les constructions navales ne coûteront pas plus cher qu'en Angleterre et qu'aux États-Unis; d'où il résulte que la compagnie deva faire de beaux bénéfices sur les navires qu'elle construira pour le compte des compagnies et des armateurs français et étrangers.

Forêts et Transports.

La compagnie ayant à fournir annuellement un fret de 200,000 tonnes environ, ne saurait se dispenser, pour assurer en tout temps ses transports, de posséder une petite flottille de bâtiments les uns à vapeur les autres à voiles,

Le navire est au commerce maritime, ce que le ciseau de l'artiste est à la sculpture, c'est-à-dire un instrument passif qui ne produit et n'a de valeur qu'autant qu'il ne reste pas inactif, qu'il est conduit par une main habile, et qu'il suit les inspirations d'une tête intelligente. La valeur qu'il représente s'accroît par elle-même et de plus en plus ; c'est le grain de blé qui se multiplie à l'infini.

Il est généralement reconnu que si les constructeurs font de bonnes affaires, les armateurs en font de meilleures ; il semble que les grains de ceux-ci augmentent en raison des dangers *apparents* que courent leurs capitaux ; nous disons apparents, parceque, grâce aux compagnies d'assurances le commerce maritime n'a d'autres chances de pertes que celles qui sont afférentes à toute espèce de commerce.

En temps ordinaire, le prix des frets est calculé de manière à fournir à l'armateur un bénéfice de 8 à 10 p. o/o, défalcation faite des frais provenant de la solde et de la nourriture du personnel, de l'intérêt à 5 p. o/o du capital, de l'amortissement de ce capital au bout de huit ans, des frais d'entretien de la coque et enfin des assurances. Mais il n'en est plus ainsi lorsqu'arrivent les mauvaises récoltes des céréales. Outre que dans ces années de calamités publiques les frets renchérissent considérablement, l'on éprouve aussi beaucoup de peine à fréter des navires. Or, n'y aurait-il pas quelque danger pour la compagnie à s'exposer d'une part à payer quelquefois les frets à des prix très-élevés alors que ses produits n'augmenteraient pas de valeur, et de l'autre à manquer de navires pour opérer ses transports ? Si nous admettons une exception, c'est pour les escales du Levant. Le prix des frets des navires qui expédient de France pour ces pays, à quelque nation qu'ils appartiennent, est généralement très-bas, et il tombe à presque rien dans les années de disette; c'est qu'aussi le fret de retour se paye alors cinq fois plus qu'en temps ordinaire.

Pour tout dire, enfin, à supposer que les industries que la compagnie exploitera d'abord, ne doivent rapporter que l'intérêt du capital engagé, elles procureraient encore de grands bénéfices par les transports qu'elles occasionneraient, et que la compagnie entreprendrait pour son propre compte.

Composition de la flotille de transports.

Le matériel naviguant de la compagnie se composera de la manière suivante:

1o Deux navires à vapeur en fer et à hélice de 500 tonneaux de jauge chacun et d'une machine à vapeur de la force nominale de 100 chevaux.

Ces deux navires seront employés pour le transport, dans les différents ports du bassin méditerranéen, des bois, des fontes et des matières ouvrées que la compagnie débitera dans le commerce. Dans la belle saison, ils remorqueront des chalands, convenablement installés, chargés de grosses pièces de mâture. Leur pont sera recouvert d'un *Spare-Deck* pour le transport des chevaux et des bestiaux entre la Sardaigne, Ajaccio et Marseille. Ils prendront des passagers de première et de troisième classe ainsi que les marchandises pour le compte des particuliers, à des prix très-réduits.

2° Deux navires également en fer et à hélice de 300 tonneaux de jauge chacun et d'une machine de 30 chevaux.

Ces navires seront spécialement affectés au transport des ouvriers que la compagnie engagera en Italie, des bois et des rails qui seront vendus à Gênes et à Livourne, et enfin des minerais de l'île d'Elbe à Ajaccio.

3° Un vapeur remorqueur à roues de la force de 60 chevaux.

Ce vapeur remorquera des différents points de la côte de Corse à Ajaccio, les navires à voiles et les chalands de la compagnie affectés au transport des bois et des charbons.

4° Un petit vapeur remorqueur à hélice de la force de 10 chevaux pour le remorquage dans l'intérieur du golfe et du port d'Ajaccio.

5° Deux navires à voiles, en bois, de 1500 tonneaux de jauge chacun.

Ces deux navires seront occupés au transport des bois (débités et de mâture) et autres objets de commerce entre Ajaccio et les ports de l'Océan et des mers du Nord. Ils opèreront leur retour avec un chargement de houille qu'ils iront chercher à Newcastle.

6° Dix navires à voiles, en bois, de 200 tonneaux chacun.

Cette classe de navires est destinée en principe à remplacer les chalands dans certaines saisons pour charger, aux ports mêmes où viennent aboutir les routes forestières, les bois en billes et de mâture qu'ils transporteront soit à Ajaccio, soit dans les différents ports de la Méditerranée. Dans les saisons moins rigoureuses ils seront employés, concurremment avec les vapeurs, aux transports pour le compte de la compagnie et des particuliers.

7° Six gros chalands en fer d'un tirant d'eau moyen en charge de 1^m 30^c, munis à l'avant et à l'arrière de caisses hermétiquement fermées.

Ces chalands seront destinés au transport des grosses pièces de mâture. Une soupape que l'on manœuvrera à volonté, introduira de l'eau dans l'intérieur des chalands toutes les fois que l'on devra opérer le déchargement ; ils flotteront alors entre deux eaux et rejeteront à la mer les grosses pièces de mâture qui surnageront naturellement. En refermant la soupape et en faisant agir comme pompe, le cheval-vapeur du remorqueur, les chalands seront vite asséchés et prêts à reprendre un nouveau chargement. Afin qu'on puisse les remorquer sans danger de les perdre, ils seront rendus insubmersibles, d'abord par leur construction et leurs dispositions particulières, et ensuite par l'espèce de chargement qu'ils seront destinés à prendre. Chacun de ces chalands pourra porter facilement quarante grosses pièces de mâture équivalant en poids à 240 tonneaux.

8° Enfin, huit petits chalands également en fer, destinés au service intérieur du golfe, du port et de l'arsenal d'Ajaccio.

Raison sociale de la compagnie,

SON CAPITAL.

Le choix de la Raison Sociale, est naturellement indiqué par les industries mêmes que la compagnie devra exploiter. Ces industries étant les transports maritimes, l'exploitation des forêts, la réduction des minerais et des fontes et la construction des navires, c'est donc sous la raison sociale de *Compagnie de navigation. des forêts, forges et chantiers de la Corse* que la compagnie devra être fondée.

Quant à son capital nominal il devra être de fr. 13,500,000 à répartir de la manière suivante :

Achat des terrains et travaux d'appropriation..........	800,000 fr.
Hauts-fourneaux.....	600,000
Fonderie......	500,000
Grandes forges et laminoirs.......................	800,000
Exploitation des forêts.....	6,000,000
Flotille de tranports.	2,800,000
Achat de matières, et solde du personnel pour la première année....	2,000,000
Total.................	13,500,000

RESUMÉ.

Dans toutes les entreprises naissantes, l'on abuse tellement de la faculté si élastique d'aligner des chiffres, pour arriver à produire aux yeux du public des dividendes imaginaires, que nous croyons pour plusieurs raisons, devoir nous abstenir de suivre ces errements. Il nous serait cependant bien plus facile qu'à tout autre de prouver, les pièces en main, que l'entière exécution de notre projet, doit fournir de magnifiques résultats financiers; c'est dire que nous sommes prêt à communiquer ces renseignements aux personnes qui nous manifesteraient le désir d'approfondir, d'étudier sérieusement ce projet.

N'appartenant pas à la classe des gens d'affaires, et sachant que dans ce monde l'on ne prête qu'aux riches, nous ne nous sommes jamais fait illusion sur les difficultés presque insurmontables que nous rencontrerons dans la réalisation des capitaux qui nous sont nécessaires; aussi, est-ce bien plutôt pour attirer l'attention des capitalistes sur un pays qui nous est cher à tant de titres et qui renferme de si nombreux éléments de prospérité, que nous avons entrepris ce travail, fruit de nos élucubrations de longues années.

Nous dirons donc aux capitalistes, aux industriels qui, ne tenant pas compte de l'adage, « tel vaut l'homme tel vaut le projet », manifesteraient le désir de confier à tout autre qu'à nous, l'exécution de tout ou partie de notre projet, que nous nous estimerons très-heureux de pouvoir les seconder, les aider de tous nos moyens dans l'accomplissement de l'œuvre profitable et bienfaisante qu'ils entreprendront. Nous nous trouverons suffisamment dédommagé de nos peines et de nos veilles, par la satisfaction que nous aurons d'avoir contribué pour notre part au bien-être et à la gloire de notre pays.

Et si, contre notre attente, l'industrie privée ne répondait pas à notre appel, nous nous déciderions alors à soumettre ce projet au gouvernement de l'Empereur, en faisant respectueusement observer que nos fonderies, nos arsenaux de terre et de mer consomment journellement de grandes quantités de fontes qui sont loin de valoir celles que l'on extrait du minerai de l'île d'Elbe, que nos ports de guerre consomment également beaucoup de bois résineux et que leurs approvisionnements de grosses pièces de mâture sont très-restreints ; qu'enfin, là où nous proposons d'élever des usines d'une autre espèce, on peut creuser des fosses que l'eau douce et l'eau de mer alimenteront pour la conservation des bois de mâture.

Nous n'élèverons pas nos prétentions jusqu'à demander que l'on crée à Ajaccio un sixième arsenal pour la marine, mais nous ne cesserons de répéter que ce port est admirablement situé pour devenir un lieu de production pour les bois et les métaux, un entrepôt général de tous nos arsenaux de terre et de mer.

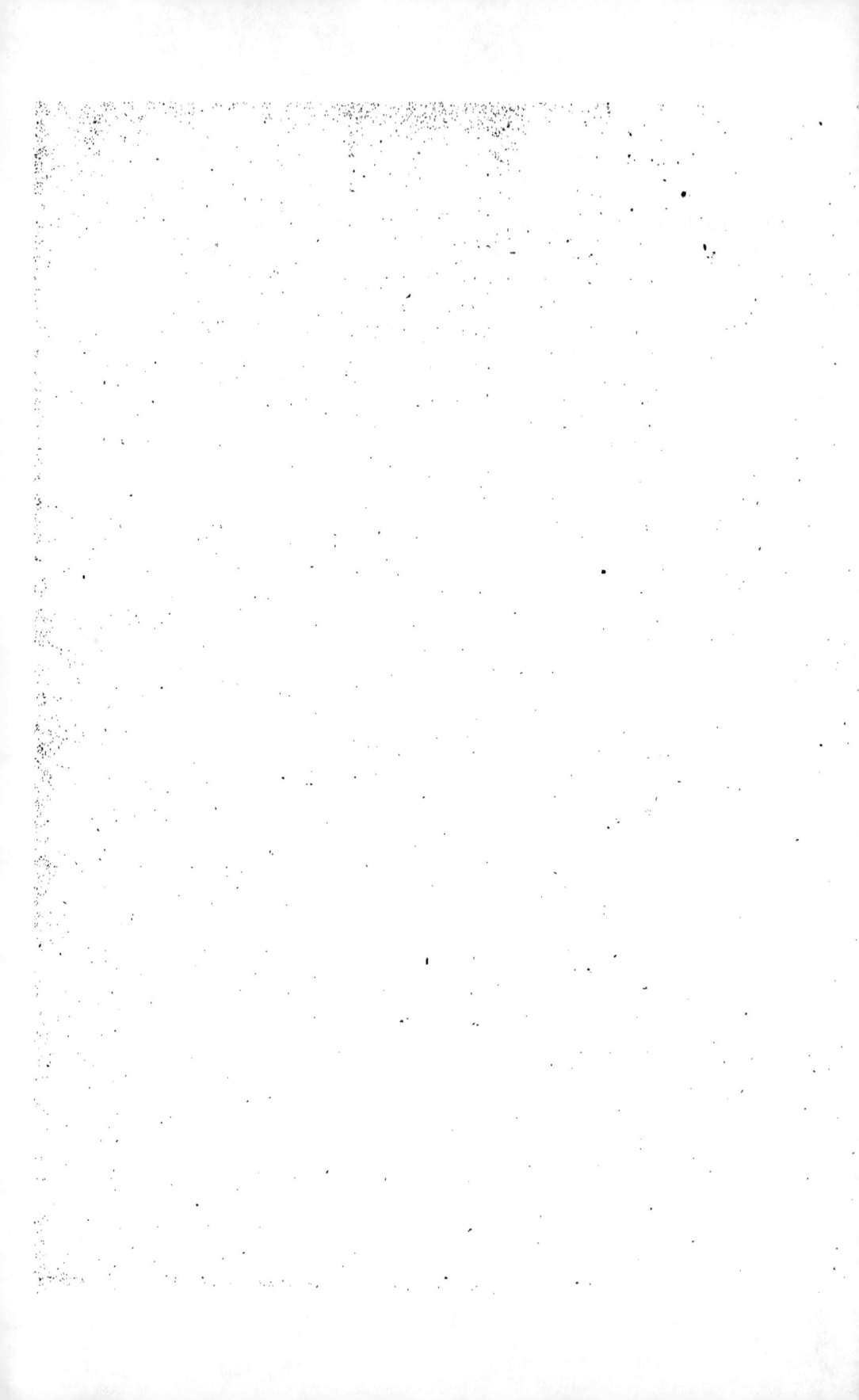

PROJET

d'Arsenal Maritime Industriel.

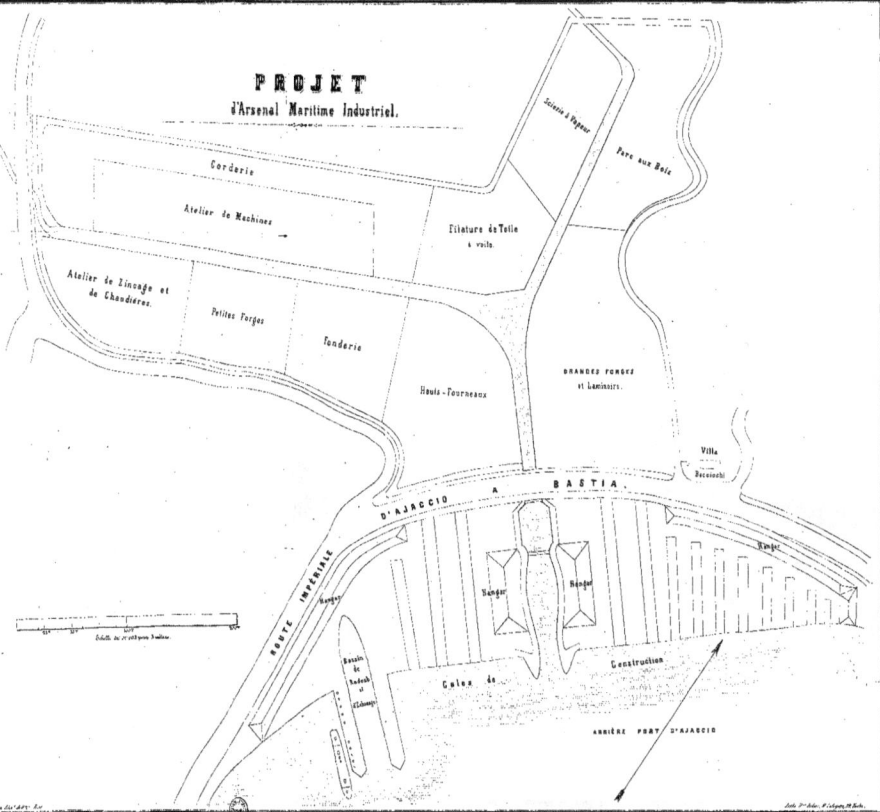

Corderie

Atelier de Machines

Atelier de Zincage et
de Chaudières.

Petites Forges

Fonderie

Hauts-Fourneaux

Scierie à Vapeur

Parc aux Bois

Filature de Toile
à voile.

GRANDES FORGES
et Laminoirs.

Villa
Benacuchi

ROUTE IMPÉRIALE

D'AJACCIO   A   BASTIA

Hangar

Hangar

Hangar

Quai

Basin
de
Radoub
et
d'Échouage

Cales de

Construction

ARRIÈRE PORT D'AJACCIO

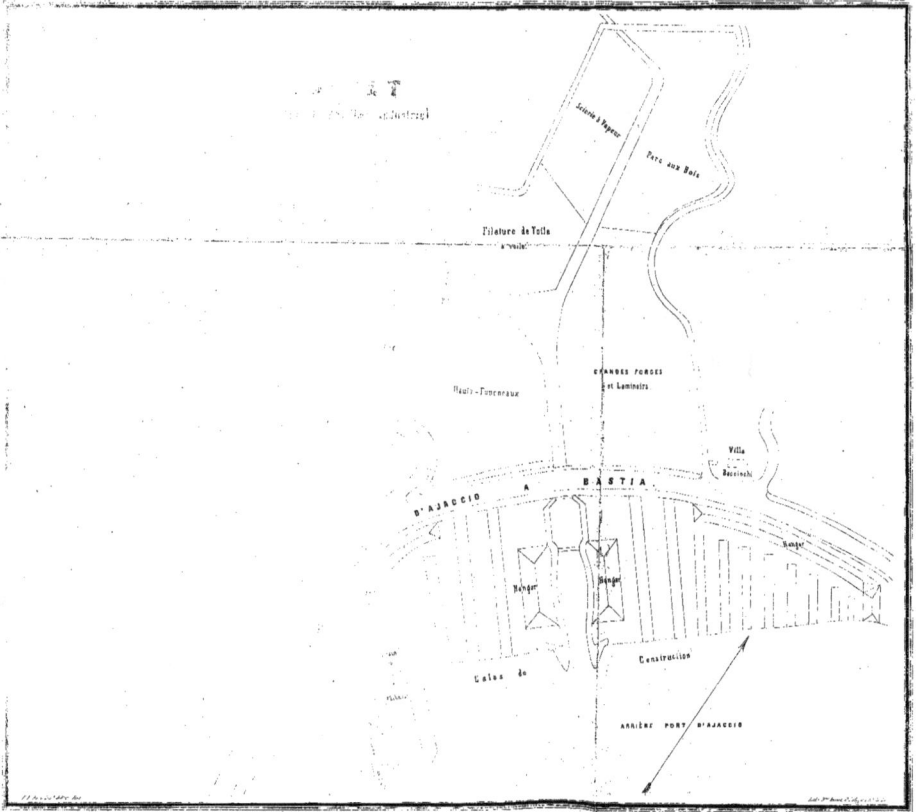

المبلغ
٩٣٣
٥١ ٢٢

www.ingramcontent.com/pod-product-compliance
Lightning Source LLC
Chambersburg PA
CBHW060509210326
41520CB00015B/4165